U0938360

郭家珍　郭立志　著

教子要言・教子圖説

古籍書局

辛巳孟春

教子要言

郭家珍 時年七十有四

教子要言

潘齡皋書 乙未翰林

今之號稱家督者以其家庭教育之全責諉諸學校而不復過問朝出而暮歸高視而濶步凌蔑其上偃蹇自如暇則跳躑歌呼之聲絲竹噭嘈之戲歌臺舞榭之迹在在可聞可見其家人則認為當然其長上亦熟視無覩於其所學所行更茫然尠所覺察也然且曰吾已督子弟入校矣則吾事已畢吾責已塞矣不知校之所教者學

也非行也有學而無行且不可矧今之學大異於曩之所謂學乎天下滔滔如出一轍何怪人羣之日趨於浮競而社會之波靡且不知所屆也清苑郭子心監督寄示其封翁

聘卿先生所著教子要言披讀既竟乃喟然曰書言世祿之家鮮克由禮班孟堅言生而富者驕生而貴者傲豈其子弟盡不

善哉亦父兄之教不先耳自昔庭誥之文或散見史冊或勸為專書莫不深切著明矣而繼嗣以愆慝敗厥度墮其家者相望也教之於習染已成之後固已晚矣茲編綱目釐然教授有序始於童丱以植養正之基逮及成年預謀立身之道其言易知易行可法可則洵載道之高文當今之藥石也予心監督將舉是書付之鉛槧冀以

鯉庭嘉言垂訓當代其覺世牖民之宏願不亦深且遠乎余知此書既出家置一編俾世之為家督者悟既往之失策獲將来之準繩其有裨於作育人材幹家而棟國豈淺鮮哉謹拜手而為之序辛巳孟夏月

古蠙城張啓後

潛園老人記述其教子所得爲要言一編大旨本聖據經典及儒先家訓諸書本末該備言近而指遠準乎古不戾乎時與紫陽童蒙須知爲近夫

人莫不有子即莫不蘄其子之才且賢顧往〻不副所期者失教故耳教矣而不得其教之術其終也與失教等然則教之不豫与夫教無其術豈非為人父者

之責哉昔陳文恭公稱柏
廬先生治家格言曰其言
質愚智賢可通曉其事近
貴賤皆可遵行是編詳列
豫教之術易知易行其庶幾
焉使天下之為人父者循是

條目以為教將見家無不教肖之子國少失教之人孟子謂伊尹使是民為堯舜之民此物此志也是則潛園老人之微意也夫

辛巳中春陳雲誥謹識

教子要言題辭

管子曰教護家事者父母之則也韓非子曰慈母之於弱子也務致其福荀子曰君子之於子導之以道而勿彊夫為人父母鮮不愛其子者愛之則必思所

以成之姑息之愛適以害之矣
成之者何致其福也曷以成之
亦導之以道而已善導之使優
游漸漬習若固然而自勰於道
矩則勿彊之說也伊古所稱家
灋母教之媺若韓穆若歐柳咸

序言

清苑郭子心監督既刊新輯廿四孝問世士林深加推重余曾附印數百部分遺友好莫不歎其用心深遠祕為瓌寶茲又出其　尊翁潛園先生所著教子要言付諸剞劂並輯教子圖說延請名流二十四人分任繪圖及錄說題辭與前書遂成雙璧既成不鄙謭陋屬序於余夫教之不行也久矣世風日澆綱紀頹弛有子者育而不教縱其沉靡馴至父不父子不子去其所以為人者而趨於禽獸之途每讀周易履霜堅冰之訓輒不禁為之

中華民國三十年辛巳初夏泰來蕭瑞龍識於香港 時年七十六

有父華譯序

之及其功用實有深於羣眾數言為介紹讀者

將來流傳於世定能精眞結石妙為國俗

遂詩云養恩不圖未能畫類合於 予心見之

為圖說互相印證於以便見學者之深識見之

予心風氣來遠劍眞傳高尤之識行先哲論詩牘

見與 繼配李夫人所著治家要言互相輝映

日漸奐辭為此書又復披露於齋實默以之遍

懷抱 消圖先生日漸進過以衆觀瞻擴於之

懍惕　潛園先生目擊世道之衰微傷敎化之
日壞輯為此書反復致意於齊家教子之道
足與　德配李夫人所著治家要言互相輝映
于心夙秉遺訓復廓而充之徵引先哲懿行編
為圖說互相印證於此俱見學養之深識見之
遠詩云孝思不匱永錫爾類今於　子心見之
將来流傳於世定能輔翼經籍而收移易風俗
之效其功用寧有涯哉爰綴數言為介俾讀者
有以尋繹焉

中華民國三十年辛巳仲夏東萊趙琪識於青島時年六十

著德範益善導以致福者晚近風俗澈家教衰知此義者殆鮮保陽郭氏令之穆韓也潛園先生有教子要言之作將以楷民德匡隤俗令子子心復舉古來母教著稱者十二事為教

古來母教著編者十二書範教
以德匡賡俗　令子子心復舉
先生有教子要言以作詩以詔
孫謀郭天令以錄韓句　謂圖
風俗淑教撫紹其義者習纘
著德讓兼善導以教福者說述

中國說洞今之行信於汝無
發聞法藏論者朱余藏文分
心發回向以證藏善去王
以遺譯乳未且鉴安以為人父
母欲發其中以涵酒尊以道祖
者智所取惡年曰春鼎恒蓮

子圖說並付刊行信乎作述兼媺貽矩彝倫者矣余獲交子心叙同宗之誼竊喜 忠武王之遺澤孔長且望世之為人父母欲致其子之福而導以道矩者知所取焉辛巳春郭則澐

潛園老人教子要言

清苑郭家珍聘卿甫著

緒論第一

清陳文恭公言天下有真教術斯有真人材教術之端自閭巷始人材之成自兒童始義深語

摯乃百世不刊之名論也對兒童施教非由家庭擔任不為功而家庭之中尤以兒童之父若母地位最為接近精神情感最為親切責任最為重大感應功效亦最為宏深而迅速故為

人父母者應認明天職之所當盡力求達到為國家培植人材之目的最低程度亦須教其子成為服務社會自食其力之一人

凡欲教子必先知子知之既詳

然後教可得而施矣人有恒言曰知子莫若父徵之事實乃不盡然蓋世之為人父者多以業務牽率日不暇給於其子之善惡不克察知往往有不肖子弟縱慾敗度行為荒謬其妻妾

知之其廝僕知之其家族朋友
知之甚至道路疏遠之人皆知之
而為之父者乃獨懵然罔覺且
其妻妾家族朋友廝僕諸人雖
皆知之惟以有所顧忌或不敢
言或不肯言或以為不必言於

是其父之朦蔽與日俱深即有言之者倘其父察而信之亟圖竄正挽回之策猶可為臨時之補救假若不加明察人言真也而以為僞直也而以為詐公也而以為私由一念之溺愛對衆

論而悵悵於是直言盡言者徑此無人矣幸而稍有覺察乃為之母者又多半溺愛姑息或不知其子之惡而袒之或知其惡而隱之為之父者惑於婦言當斷不斷終歸於放任之一途其

諸石林立林上直古舊摧殘
況數入矣幸石猶有覽猶可觀
江母者大多年滿處倫皆處不
碑其字之處石面之處字其處
石破之處之文書處於第一層暗
恐不堅牢故於此一塊其

結果無異助長其子為惡昔賢
有云人莫知其子之惡蓋指此
類而言也既不知子何能教子
凡為人父而不欲放棄天職者
可不念茲在茲
夫父母教子乃應盡之義務又

父母共負教子之責實無輕重之分各宜拓開眼界放平心地刪除偏愛垂示義方此中陶鎔感化因人而施事理繁複非只言可盡至於普通常識語其要領會次亦多余端居之暇時有

思存或出中藏或本古訓欲使家人咸志兼示後裔因命兒輩筆之於書以致力之次第為分條之後先其有不詳不盡與夫未嘗於義者尚待有道之是正焉

務本第二

兒童先天稟諸父母父母平時脩養之美德盡可遺傳於其子俟其子知識漸開而始加督教固嫌其晚當母也有身而多所謹戒亦且非早必也於未為父

母之先即互相砥礪各於孝弟謹信痛下工夫輔世濟人常存志願躬行實踐無怠無荒自能望善氣之鍾靈英才之錫瑞此根本上之至道未可視為迂談而忽之也

胎教第三

婦人有身夫婦即宜異室平時修養立有基礎者在此時期必應更加精進對於非禮勿視非禮勿聽非禮勿言非禮勿動之義必須切實力行能行一

分即得一分之益能行十分即收十分之功所謂種瓜得瓜種豆得豆其理絲毫不爽欲其子之聰明壽考者尤當加意焉

乳育第四

母乳其子乃順造化之自然非

必不得已時不可僱用乳媪在此時期夫婦仍宜異榻而居蓋乳汁乃母血所成心不清淨則血熱而濁乳之養料遂寡子食斯乳當時不見其害及將成年往往發生童癆之症因而夭亡

者不可露·語之其又由志的說
然本於游皓何閑其平高食的
道說亦的過嚴講游九宜淡趣
譜習之重游士譜之要訣小兒
後年發三分餘音實真樂的心
言也

者不可勝計乃其父母尚多茫然不知深為可憫此外如食勿過飽衣勿過暖諸端尤宜注意調節以重衛生語云要得小兒安常受三分飢和寒真藥石之言也

啓蒙第五

兒童能行動言語以後知識漸開

即入啓蒙階段為父母者宜隨

時隨事善為誘導俾就正範如

長幼尊卑之稱呼禮貌行立坐

卧之威儀規矩均須詳晰解示

養成其良好習慣暇時並以善巧方法教以簡單文字數目方位等知識由淺入深切勿嫌其煩瑣委諸僕婢之手更勿喜其乖巧獎勵其說誑語出惡聲及一切欺詐之行為此時習於正

則立正之基習於邪則立邪之基一生基礎惟視此數年中家庭教育如何所關至鉅豈可忽諸

入學第六

不論兒童之賢愚旣至相當學

不諳見之費處所於德高置

入學者六

請

庭教吉甚何所圍主錢宜可及

集一生集後推視其數年中效

則主正之集諸於帝國上帝之

齡即應使之入學讀書化其氣質惟課讀之任儘可完全付諸循循善誘之良師爲父母者隨時考其勤惰及進境如何即可至於家庭所負之責則以培養道德爲最要道德維何要不外

孝弟謹信主敬存誠汎愛親仁扶危濟困諸端為父母者若能將自己平時脩養者一一畀之於其子衣鉢承傳自可百世不澈如此學養兼脩始為盡善盡美綿長世澤之道

擇業第七

兒童既長自立生活之訓練便不可忽惟人之資質各有不同宜就其性之所近力求深造舉凡士農工商以及其他技藝皆好男兒所應為所可為之事業

祇要感覺興趣則研究易精進步必速故為子擇業先宜詳察其性情才地然後使之專心致志深入一門以期有成一面更須示以凡人皆當為社會服務只要有一技之長即可自食其

力無祖產者勿論縱有祖產亦不可存心倚賴甘為惰民如此鼓舞其意志振刷其精神不論將來執業之大小均可成就為國家之人材矣

締婚第八

為子締婚不問對方之財勢嫁奩之豐儉容貌之妍媸先要探其家世如何父母之道德如何家教如何本人性情才德如何以卜從違更須徵求本人之同意但須切戒早婚蓋早婚之患

不僅有害於身體而且影響於子孫不可不慎之於始也

應世第九

孔子曰言忠信行篤敬雖蠻貊之邦行矣此立身之要道亦即應世之原則也成年人士涉世

漸久平日既於道德上有所脩養學識上有所專長當無失足之虞惟是人羣社會情偽不一形態萬殊自古已然近今為甚斷非初出里閭之少年子弟所克遍識少有不慎最易受人愚

弄喪德敗名為父母者宜於其子出而應世之先即以往哲之嘉言懿行及自身之經驗見聞隨時詔誥使知所從違大抵親近正人自受薰陶之益避遠宵小可免牽累之憂此就交遊而

言之也事不盲從乃能應變力足濟衆即須勇為此就循養而言之也在官以奉公守法為先則據守自見任事以負責盡心為主則績致日彰此就事業而言之也明乎獻身國家之義勿

忘天職常存模範羣倫之志注
重躬行此則凡屬國民一份子
皆當人人共勉者也更要深明
烟酒嫖賭之害勿稍沾染以上
諸端揆諸忠信篤敬之義庶無
背謬欲以豪世之道策勵其子

者或不外乎此

總箴第十

爲父母者在其子幼少時期若
一味以尊嚴自居則兒輩望而
生畏於見面時貌爲莊敬背面
時肆無忌憚流弊甚多不如樂

詩緯無方陣消華真多大吾樂
寫眼未見面時發憑插旗扶回
一錄之真藏白居則見筆詔引
敬父母有后其行品步時題將
深為第十
青兒不升平也

敍天倫融洽無間藉以窺察兒童之真性情認識兒童之真病根

父母對兒童之過失固不宜纖默不問亦不宜惡顏厲色動輒夏楚從事逼成其見父母而生

畏甚且避不見面之不良習慣

父母對兒童之美德善行宜以

獎勉兼施俾其益進但不可譽

不去口逢人宣揚長其傲慢

父母對兒童之過失當平心靜

氣善予開導並激動其愧悔之

亂善乎過導兩樂會其德福人
父母對兄輩之過失當年之錯
不去口議丁寧細語訴其微瑕
從此善諫從其意違可不可響
父母對兄輩之美德善行宜以
報其恩且過不見西人不取錯處

識克治之勇
教子有五導其性廣其志養其
才皷其氣攻其病
教子九則曰勤學曰擇交曰戒
多言曰習應對曰知禮義廉耻
曰明進退威儀曰惜光陰曰守

信用曰遇事有識見

教子以變化氣質為先刻薄者宜教之以寬厚暴厲者宜教之以溫和浮華者宜教之以樸實淺露者宜教之以含蓄輕躁者宜教之以持重

教子者宜先去其傲心養其謙德使能溫恭遜讓行無邪僻子弟十歲上下志識未定而記憶力特強一善言入耳終身不忘一邪言入耳亦時時動念故於幼年子弟前勿述鄙惡之事

尤戒媟穢之談或稱賢聖高蹤
或陳古今法戒倘遇旁人開口
作粗俗之戲謔宜令子弟迴避
有子不教不獨自薄其後嗣兼
使他人之女配非其人
婦者家之所由盛衰苟慕其富

貴而娶之彼挾其富貴鮮有不傲其姑輕其夫者蓋大非偶之弊即在此

擇師擇配擇業為人生之大關鍵能左右一生之人格功業幸福不可不慎

人之有子須使有業貧賤而有業則不至於飢寒富貴而有業則不至於為非凡富貴家之子弟服飾車馬日與羣小為伍以至身敗名裂家破身亡者非其本心之不肖無業故也

世家子弟憑藉本優果其言思
可道行思可法不驕淫不詐偽
不刻薄不輕佻精金美玉人人
將見而重之若乃恃優妄作為
紈袴為惡少其招人盡冷心視
常人加倍非世家之貧子弟乃

子弟之貧世家也富家子弟眼孔大口氣大衣則華貴食則美味居則大廈出則汽車任意揮霍罔知艱難驕傲之氣是以傾家故為子孫計者應先苦其心志勞其筋骨少年

享受勿使太過要知成名立業者多困窮家之男兒敗家喪身者多富貴家之子弟

十賢子孫未必能興家一不肖子孫敗家而有餘

子孫樸鈍者不足憂惟聰慧者

可憂耳自古失敗之人愚鈍者
十二三才智者十七八蓋鈍者
多安分小心敬畏所以鮮敗若
小有才智舉動剽輕百事無恆
放心肆己則克有終者罕矣
人家淂富貴子孫不是幸得賢

子孫乃爲大幸子孫賢而富貴固可以有所建樹即或貧賤亦能清苦世守延及後裔若不賢者貧賤既易辱及祖先一旦僥倖而得富貴則驕佚嬉狠舉宗均受其禍可爲深懼也

有好子孫方是福無多田地不為貧好與不好純視乎教與不教〻子之本還在脩德易曰積善之家必有餘慶世人知此而力行之斯於貽謀之道思過半矣

辛巳暮春潘齡皋書於故
都旅寓時年七十有五

孚心先生著

教子圖说

劉春霖

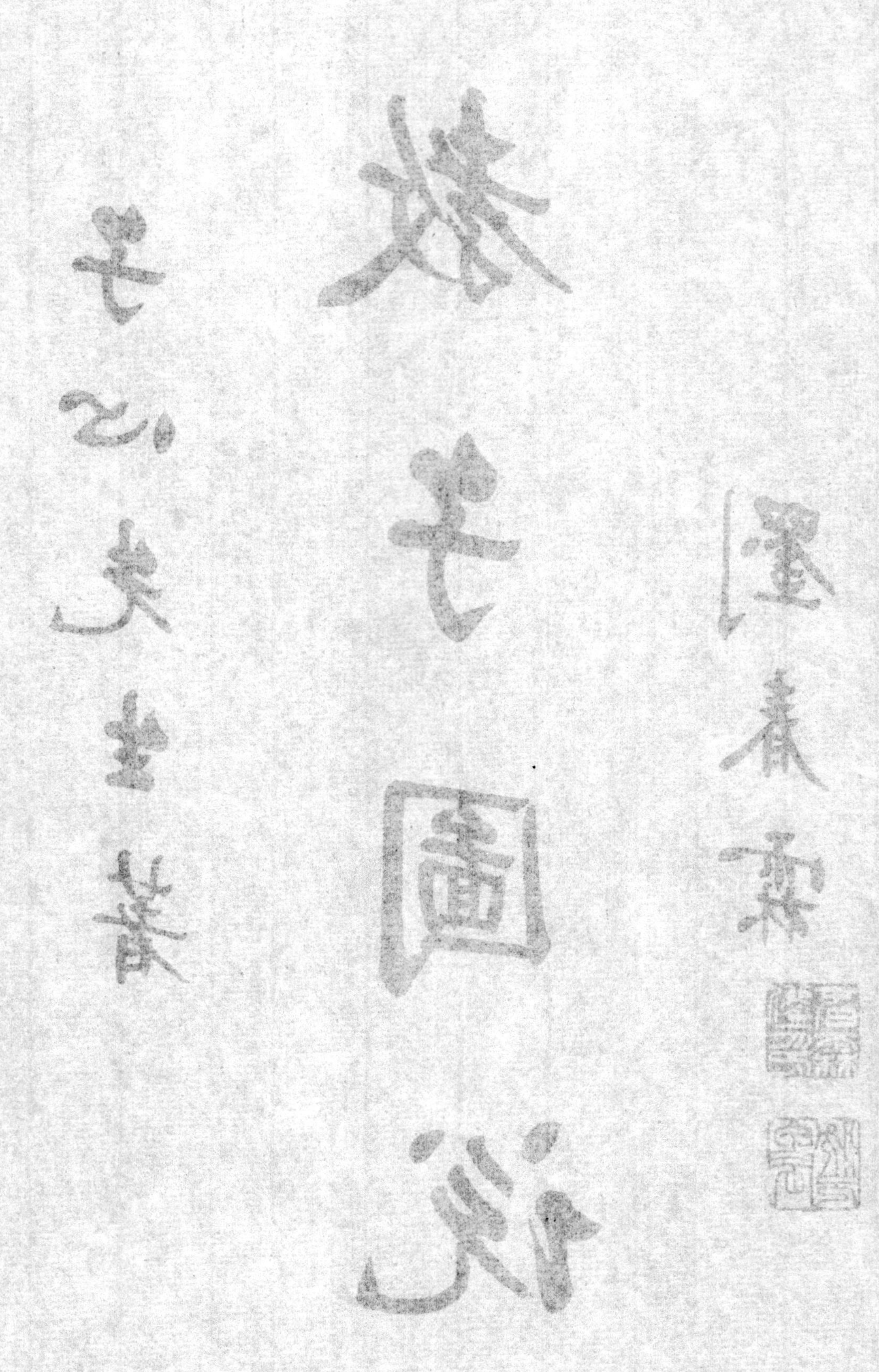

教子圖說目錄

人之生也命於天者為性感於人者為
習自非上智其不以習移其性者亦鮮
矣夫賢父兄之訓嚴師益友之增責
勸勉必待成童而後有所施焉夫自將
生至齠齔保抱攜持恩勤顧復無斯
須免於慈母之懷當是時也習之善
不善乃遠以判焉漸之漬之以育其德
善導之以範其情性而端其趨一身
兼父師之責舍慈母其屬哉賈子有
言少成若天性習慣成自然易蒙象以

養正為作聖之功其義蓋取諸此古大
聖大賢與夫立功德言不朽之魁儒傑士
其成就基於母教者比比皆是也子心
先生有見於此爰輯古以來賢母懿著
可為世法者錄其行事繪圖以彰之
子心先生洎　文清公之顯於時亦秉節母內
訓而成效以嚴焉嗟乎天下後世之為人母
者覽乎此而師其所為教則吾國人文
之蔚興又安知今不古若耶
辛巳孟陬阮堂易水陳雲誥序

序

自古賢豪英文豐功偉烈往往源於家教而詩書所記王政德化亦皆多自內始豈非以婦道之隆所以涵育俊哲輔成治化其漸被於家國者至深且遠哉自

來代述婦德者家矣而劉向氏之書爲最著顧其詞微奥弗便於淺學其後解氏注氏諸家之作益繁不顯吾友郭子心監贊博稽羣籍取賢母善教之極則裒爲教子圖説併以

尊甫潛園老人所著教子要言
精印行世而屬貴溍為之序嗚
乎近世禮教漸泯幾盡當此
存亡絕續之交障橫流而挽隨
備豈非深識宏達之君子所當
發憤從事者哉至教子要言

邃密精審，可資法戒。曾文正謂讀《聰訓齋語》可立德居業。讀老人之作，亦猶是夫，則此書之傳，其有補於人心世道者，寧有既哉。

辛巳三月郭貴煊謹識並書

教子圖說自序

人類蕃孳日多一日其所以能繼繼承承維持久遠而不敝者惟賴世世父母能以其體會研究經驗之所獲轉相增益轉相改善耳提面命授之於世世之人子子之 必宜教與夫教之必

入於之必宜教與夫教之於
設善則提西命技之於世世之
究格致之所獲轉相指益轉相
催積世世父母餘以其體會所
繼繼承承繼持入達而不敢者
入循善籌日多一日其所以能
教於圖說通俗

宜有術萬國所同識也母之於子鞠之最先撫之最密恩勤之最纖悉教令之行易於嚴父自古賢豪成立源於賢母之教者指不勝屈去歲余既印新輯廿四孝圖說讀史之餘復擇錄古賢母教子十二事特發慈徽供

世取法俾為人母者勿専於愛而忘其義方為人父者見之亦将興母猶如此父當奈何之感父母交儆養正益堅其為書圖說並行圖用白描法成於燕京名畫師徐燕蓀之手說則詞林藝壇諸名宿分任其功且系之

叢圖諸石宿以任其功且系之
石畫師徐燕遂之手識則詞林
識並行圖用以昭法成於燕京
父母交歡養王道型其德書圖
將與母適如其父當合何之廟
石志其義方為人父者見之亦
世取法律泥人母者同事於家

序許書

辛巳初夏清游郭立志予以文

並資就正焉

之許付手民合訂成冊庸述緣

之教予要言以潘錫九太史書

以韵語並以纂昔安謠　椿庭

以韻語並以曩昔受諸 椿庭
之教予要言乞潘錫九太史書
之併付手民合訂成冊備述緣
起資就正焉
辛巳初夏清苑郭立志子心父
序并書

胎教垂型

周文王之母太任摯任氏中女也王季娶為妃太任之性端一誠莊惟德之行及其有娠目不視惡色耳不聽淫聲口不出敖言能以胎教溲於豕牢而生文王文王生而明聖太任教之以一而識百君子謂太任為能胎教古者婦人妊子寢不側坐不邊立不蹕不食邪味割不正不食席不正不坐目不視於邪色耳不聽於淫聲夜則令瞽誦詩道正事如此則生子形容端正才德必過人矣故妊子之時必慎所感感於善則善感於惡則惡人生而肖萬物者皆其母感於物故形音肖之文王母可謂知肖化矣 見列女傳

辛巳三月 沈會寶熙

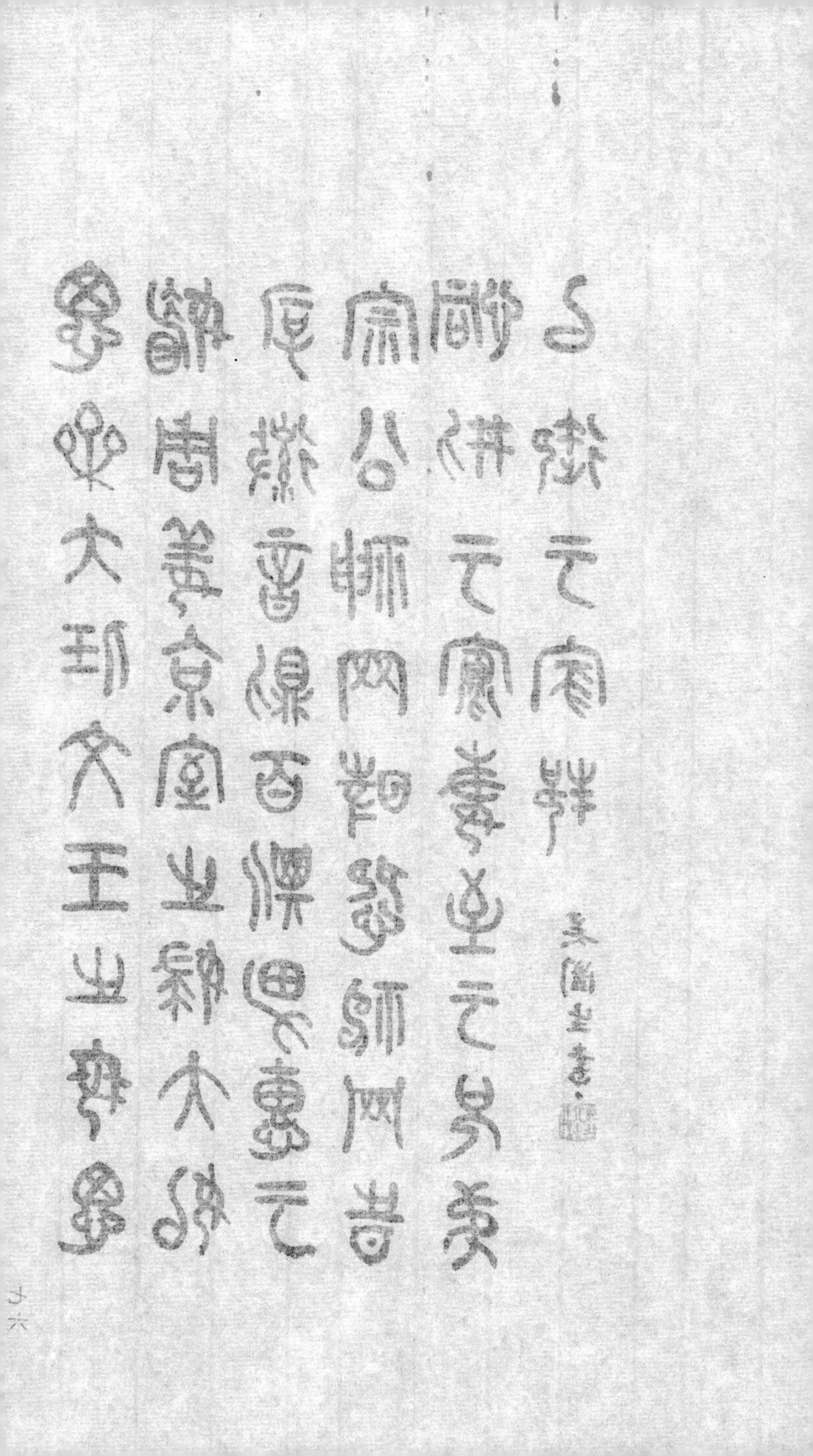

思齊大任文王之母思
媚周姜京室之婦大姒
嗣徽音則百斯男惠于
宗公神罔時怨神罔時
恫刑于寡妻至于兄弟
以御于家邦

吳[illegible]之書

思齊大任文王之母思
媚周姜京室之婦大姒
嗣徽音則百斯男惠于
宗公神罔時怨神罔恫
刑于寡妻至于兄弟
以御于家邦

吳闓生書

三遷擇鄰

周孟軻之母仉氏其舍近墓孟子之少也嬉游為墓間之事孟母曰此非吾所以居處子乃去舍市傍其嬉游為賈人之事孟母又曰此非所以居處子也復徙舍學宮之傍乃設俎豆揖讓進退孟母曰真可以居吾子矣遂居之孟子既學而歸孟母方績問學所至孟子曰自若也孟母以刀斷其織曰子之廢學若吾斷斯織也夫君子學以立名問則廣知是以居則安寧動則遠害今而廢之是不免夫廝役而無以離於禍患也何以異於織績而食中道廢而不為寧能衣其夫子而長不乏糧食哉女則廢其所食男則墮於脩德不為竊盜則為虜役矣孟子懼旦夕勤學不息師事子思遂成天下之名儒君子謂孟母知為人母之道矣 見列女傳

江安傅增湘書

三遷擇鄰

鄒孟軻之母也號孟母其舍近墓孟子之少也嬉遊為墓間之事踊躍築埋孟母曰此非吾所以居處子也乃去舍市傍其嬉戲為賈人衒賣之事孟又曰此非所以居處子也復徙舍學宮之傍其嬉遊乃設俎豆揖讓進退孟母曰真可以居吾子矣遂居之孟子既學而歸孟母方績問學所至孟子曰自若也孟以刀斷其織曰子之廢學若吾斷斯織也夫君子學以立名問則廣知是以居則安寧動則遠害今而廢之是不免夫厮役而無以離於禍患也何以異於織績而食中道廢而不為寧能衣其夫子而長不乏糧食女則廢其所食男則墮於脩德不為竊盜則為虜役矣孟子懼旦夕勤學不息師事子思遂成天下之名儒君子謂孟母知為人母之道矣見三本傳　以安樂諸齋書

三遷擇鄰

母教於今何處尋德
持古道作時箴啟和
孟子成賢聖語推三
遷斷杼也

華世奎書

毋教於今何處尋應
將古道作時箴咸知
孟子成賢聖誰解三
遷斷杼心

華世奎書

責兒受貨

周田稷子為齊相受下吏之貨金百鎰以遺其母母曰子為相三年矣祿未嘗多若此也豈脩士大夫之費哉安所得此對曰誠受之於下其母曰吾聞士脩身潔行不為苟得竭情盡實不行詐偽非義之事不計於心非理之利不入於家言行若一情貌相副今君設官以待子厚祿以奉子言行則可以報君夫為人臣而事其君猶為人子而事其父也盡力竭能忠信不欺務在効忠奉命廉潔公正故遂而無患今子反是遠忠矣夫為人臣不忠是為人子不孝也不義之財非吾有也不孝之子非吾子也子起田稷子慚而出反其金自歸罪於宣王宣王聞之大賞其母之義遂舍稷子之罪復其相位而以公金賜母君子謂稷母廉而有化 見列女傳

辛巳三月朱汝珍書時年七十有二

三年相大國家計猶清貧得金輒遺母〻不忌其親論
人於晚近似此已越倫婦女重貨財追問來何回此
母則異是義利辨之真目中無百鎰訓子獨諄〻曰
汝位國相寧為微末臣百僚資表率巍然領搢紳受
君拔擢恩德思肥汝身罔上而營私胡顏以事君汝速
持金去無為汙老人稷子慚母言請罪上自陳齊王謂
母賢榮褒賁絲綸惟時蘇季母除道郊迎秦金多恥〻
多彼我安足論

辛巳穀雨彭城張仙英

訓子擇交

漢泰瑛南鄭楊拒妻大鴻臚劉巨公女也有四男二女拒亡教訓六子動有法矩次子仲珍白母請客既至無賢者母怒責之仲珍乃革行交友賢人長子元珍出行醉母十日不見之曰我在汝尚如此我亡何以帥羣弟子元珍叩頭謝過兄弟為名士泰瑛之教流於三世四子才官隆於先人 見華陽國志

辛巳三月商衍鎏書年六十有八

遺書會大成

文淵誡子書鵠希喻刻畫言近而意切良足資
磨淬所以馬家兒保世尤滋大賢哉劉泰瑛巾
幗能為對四男折爰教二女結縭戒慈明嚴義方
一身正外向大兒若芊違勿許定省會折節終改行
不敢澆礧塊中子無嘉賓鬲屏闚之慧責以擇交游
竟與賢豪輩母儀樹楷模子舍竺修能蔚宗屬未書
常璩志悉載表微發幽光芳型留异代婉嫩贊惠班
遺書傳女戒

辛巳中夏江夏傅嶽棻

封鮓敦廉

晉陶侃母湛氏豫章新淦人侃少爲潯陽縣吏監魚梁以一蚶鮓遺母母封鮓及書責侃曰尒爲吏以官物遺我是增吾憂也陶氏素貧賤湛命侃就學紡績資給之使結交勝己鄱陽孝廉范逵與侃善來寓宿時大雪母撤所臥新薦剉以秣其馬又密截髮賣與鄰人供肴饌逵聞之歎息曰非此母不生此子侃後竟以功名顯 見晉書

辛巳臘月張海若寫

封鮓教廉

晉陶侃母湛氏豫章新淦人侃少為潯陽縣吏監魚梁以一坩鮓遺母母封鮓及書責侃曰爾為吏以官物遺我是增吾憂也陶侃素貧賤湛命侃就學紡績資給之使結交勝己鄱陽孝廉范逵與侃善來寓宿時大雪母撤所臥新薦剉以秣其馬又密截髮賣與鄰人供肴饌逵聞之歎息曰非此母不生此子侃後竟以功名顯 見晉書

辛巳臘月張海若寫

髯十宅千年
世寶鐘鼎彝
仙身仙巳富加

年四月錄白石

此夜此身當代
此賢難得落
達七字千年

辛巳九二翁白石

忠清作訓

唐崔元暐母盧氏博陵平安人有賢操嘗戒元暐曰吾聞姨兄辛元馭言凡子姓仕宦貧窶不自存此是好消息若貲貨盈衍裘馬輕肥此惡消息也吾嘗以為確論比見親表中仕宦務財賄奉其親其親不究所從來而悅之令出祿廩乎善矣如不然與盜賊何異更不能忠清不內媿天地乎汝必識之故元暐所至以清白名見爾文及唐書

江陰夏孫桐書

崔公所至請白名傳四知是懍
三當斯全乃聞有自慈訓時宣
親表仕宦借為鏡懸吏不忠清
天地愧為即此一語流芳簡編
人曰母之義方子正而賢信然
信然

忠清作訓圖方若題

禮教持家

唐元稹母滎陽縣太君鄭氏夫蚤世持家二十五年專用訓誡笞鞭扑正顏色以訓諸女婦諸女婦栗恪如履冰正辭氣以訓諸子孫諸子孫心愧恥若撻於市也婢僕終歲不聞忿爭聲自童以迄成人曾不識櫝楚閨門之內熙如太古時蓋漸於化也鄭氏孝弟夙成習禮學敬祀事雖隆沍服勤親饋無怠色恭元鄭皆大族姻表滋多中外吉凶之禮有疑義取衷焉以無違於禮稹齠齔時家貧無從受業鄭手詩書親授之後稹以通經舉高第入官既諸子俱入仕祿秩薄每月給食給衣皆始自孤弱者次疏賤者繇是衣無常主廚無異膳親者悅疏者來蓋其慈也 見函史及唐書

杭縣吳雷川敬錄

德化諸兒

唐程文矩之妻穆姜生有二男待前室所生四子一食皆厚於所生而前四子不孝或勸之分居穆姜曰吾以德感久當自化及前長子興病困幾死穆姜調藥餌不倦久乃瘳泣謂三弟曰繼母吾不起矣母賢如此而我輩不孝何以立於天地之間乃相率詣南鄭縣陳母德請罪縣令釋之而請表其母 見白帖

秀水八十老人沈衛書

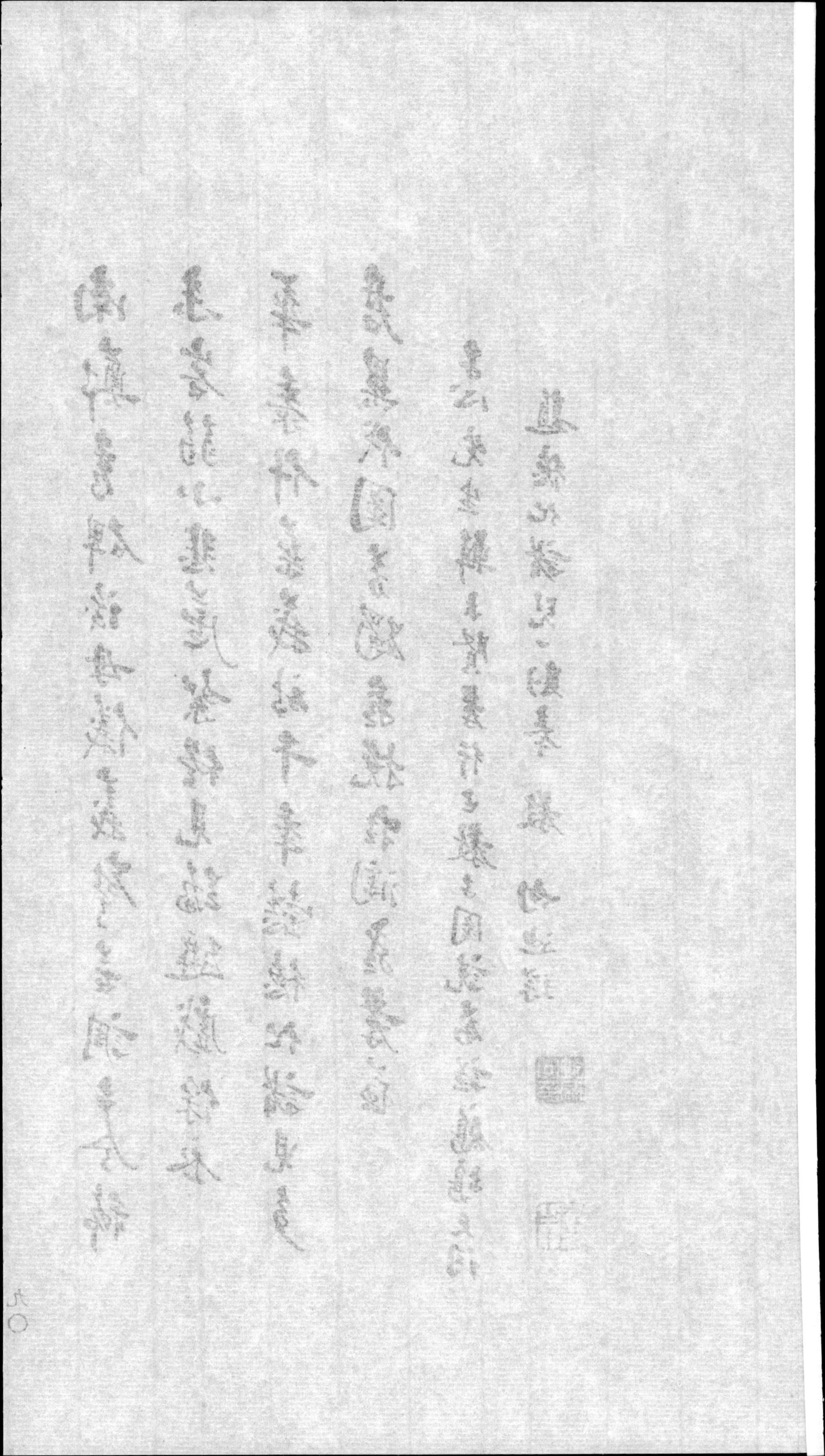

南鄭書碑談母儀
義聲古調古今稱
來客翁小悲廬
絮縷見蹁躚戲綵衣
華黍什
蓼莪詩
千秊懿德化諸兒多
君異代圖書
獨我挽狂瀾我孝慈

子心先生輯古賢孝行之教子圖說索題鷓鴣天詞
題德化諸兒一則奉教　何迪琛

重莪義字

辛巳春 八十一叟章□書於□

宋彭陽倫為越國士人鄭氏之季生倫甫四歲既知力學尤□之問嵩倫於學授之書嘗大重德以莪據切諸家庚重字義之書而恒告倫以其父為府吏而好施予者正也其一氏之家一說之權以為其為生民何猶而能守其□即於嫡以父免於喪後季子實時祭祀必潔祭以祭而厚不如喪之嚴也可為涌泉文以泣此者至嘗不足而又精可餘何及於喪也至縱身未嘗不能以此知其父之能喪也以父雖沒家事處處有而莪以死數也至於其生而不得敬而不得其死者之哀但其懷也剃敬而而得乎以其數而得而倫是敬而不得者爲可其無也其事居義如弟子事其父用足以見知以父之所可得也於是倫以讀書力於學為重正文學為宋先朝名之義也 見宋學士文集

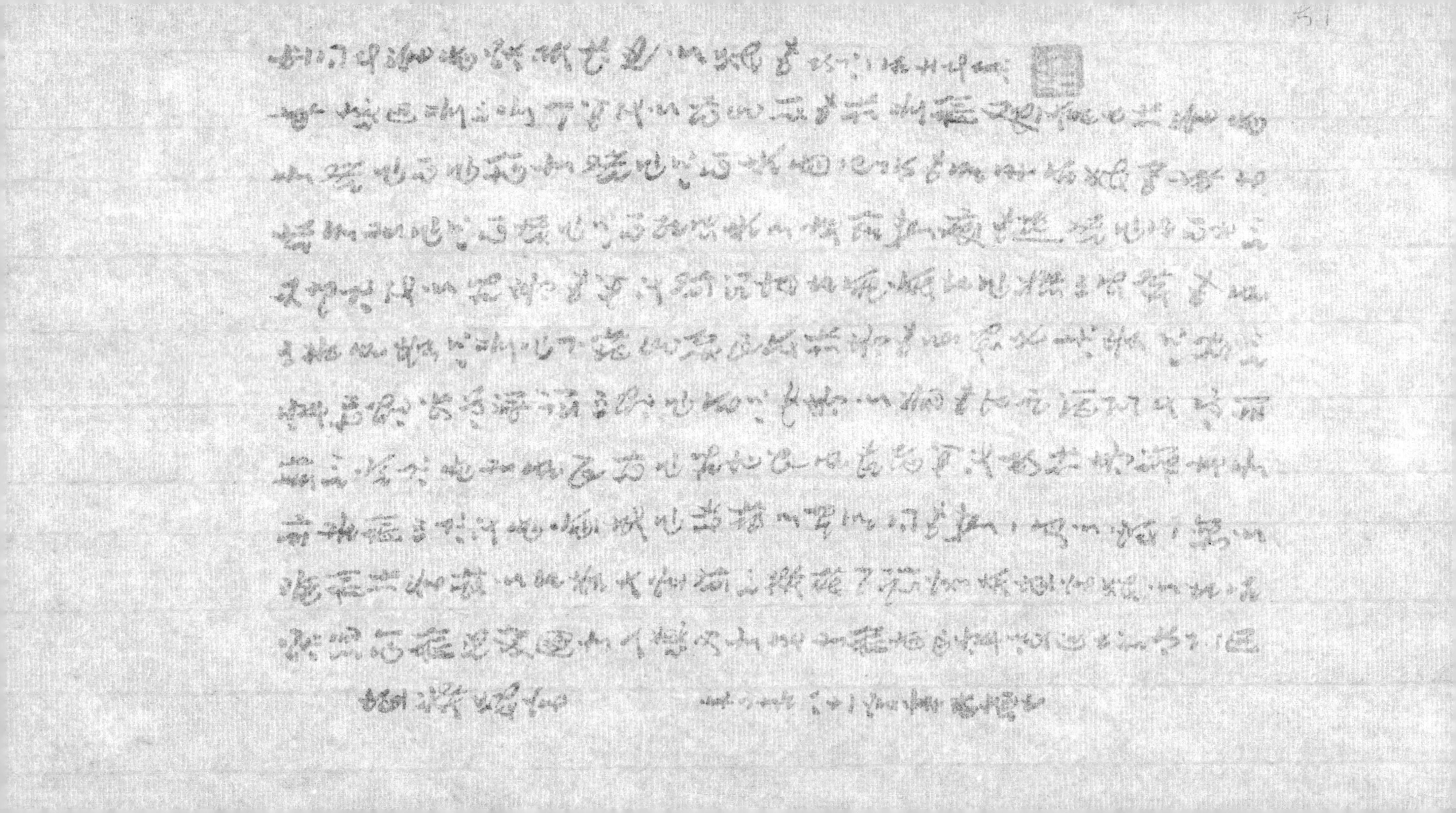

[illegible]

慈誨諄諄母德賅襱罔千古表

在覽薪傳直接昌黎伯其

大文章有自來。

奉題

畫荻教字圖

辛巳春三月陳曾壽

戒詒書策

宋張浚母計氏贈太師君悅之妻綿州廣漢人也浚甫冠與計偕入國學母送之拊其背泣曰門戶寒賴爾成立當朝夕以爾父之業為念條勗戒詒數十端書之策授爲先是浚父登第計年方二十有五父母欲嫁之誓不許浚能言即令誦父所為文能記即告以父言行無須刻令去左右故浚雖幼視必端行必直坐不敢欹言不誑教使然也浚貴所為有不當必變色示戒後以上書力爭時事竄謫母送之日行矣汝以忠直得禍何愧惟勉讀聖人書無以家為念其賢正如此

見函史及古列女直說

辛巳歲二月望後七日胡嗣瑗時年六十四

孫見淚濺看取門芳扇終始孝慈
延一綫挂眼觸觸秋燈績紡
異說侵尋人倫掃擇何必佚
事依細角史繩天四海汝今
戒語書以示
弟七十八叟己巳天中壽鑈譜清平樂

施及孤寒

元梁廷佐為安定教諭迎其母馮氏馮呼廷佐而語之曰汝忝為人師教與育皆汝事也我手治絲葛得緡若干足若弁鬻我簪珥買田於是邑取其入以供單寒之子則我之留於此方者較之貽爾子孫為大矣廷佐遵命置腴田三百畝諸生羣感其德為馮建生祠見觚賸續編

俞陛雲書

寂難施穀及單蹇
況是微官嘗宿膃
千載芳徽紀安宅
生祠吾欲訪君刊

題施及孫寫圖
辛巳夏六月 半千老人撰書

節孝裕後

清郭母張太恭人清苑文清公棻之母也生長德門婦德淳備事繼姑極孝姑患痢調羹滌器久無倦色戚鄰稱賢夫亡堅矢柏舟之節教文清公嚴而有法楗户深居母績兒讀十年如一日公久不第失意放浪母奉夫木主於庭跪公庭下責讓交加公感愧再試成進士官至内閣学士以文顯於時而廉介無餘資遵母教也母苦節三十餘年里人士有以公乞旌表言者母力止之曰守節婦人之本分事子不官旌之已不必子官矣旌之得無隣於私弱身荷國恩綸誥榮貴安事此耶人皆服其宏識云 見學源堂全集

張啓後

機杼燈影課兒勤，雅表廬
榮譽所欣，天子愛之，子貴
清聖祖褒文清公益知慈母等
為北方才子
嚴君
辛巳春三月清苑樊榕敬題
時年八十有一

諺云至樂莫如讀書至要莫如教子又云言行要留好樣與兒孫凡為人父祖者先有好樣與兒孫為兒孫致法之此無言之教勝於有言所謂以身教者從

嗚呼此豈易易哉嘿讀
子心先生數印友子圖說
古法昭於往事可師經論
其尊甫潛園老人友子
要言通知
子心先生立身行道事事

皆本於庭訓輯二十四孝
早已流傳於社會於名教
綱常之大多所裨益孝子
良圖吾尤願家置一編令
子弟隨時翻閱怵目而警
心焉

子心先生今日之家庭雍雍熙熙太和翔洽入其門者孝弟之念不覺油然而生篤慶子圖表天下萬世之為人子者如奉節張朝墉書後時年八十有二

教子要言・教子圖說

作　　者：郭家珍　郭立志
責任編輯：謙　和
裝幀設計：謙德文化
出　　版：古籍書局有限公司
　　　　　香港尖沙咀金巴利道53號
　　　　　E-MAIL：qiandedushu@qq.com
發　　行：古籍書局有限公司
　　　　　香港尖沙咀金巴利道53號
印　　刷：杭州蕭山古籍印務有限公司
版　　次：2024年8月第1版第1次印刷
定　　價：HK$ 280.00

ISBN 978-988-70548-5-6
Published in Hong Kong